El fantasma de Broadway Street y otros poemas

José Alejandro Peña

Colección Géiser

Poesía

I0630295

ALMAVA Editores

almava.net

José Alejandro Peña nació en 1964. Emigró a los Estados Unidos en 1995, donde funda y dirige Ediciones El Salvaje Refinado y Obsidiana Press.

En 1986 obtuvo el Premio Nacional de Poesía con su libro *El soñado desquite*.

Libros publicados:

Iniciación Final (1984), *El soñado desquite* (1986), *Pasar de sombra* (1989), *Estoy frente a ti, niña terrible* (1994), *Blasfemias de la flauta* (1999), *Mañana, el paraíso* (2001), *El fantasma de Broadway Street y otros poemas* (2002), *La vigilia de todas las islas* (2003), *Suicidio en el país de las magnolias* (2008), *Trampantojo* (2016), *El caballo de Atila* (2021). *Cóctel para sonámbulos* (2021), *Dejad hablar al viento* (2021), *Esperpéntico antiarcangélico y sexualísimo* (2021), *Pavor en el país natal* (2021).

El fantasma de Broadway Street y otros poemas

José Alejandro Peña

Tercera edición

almava.net

editores@almava.net

almavaeditores@gmail.com

Magnetita

Cinética

En la tinta que baja de lo adverso a lo inverso
como una incubación de abejas en la sangre

sube y se entretiene con imanes minúsculos
el aspecto incólume del hombre que nos mira
desde la escalera

con su sombrero gris
su cigarrillo en los labios
todavía sin encender.

Un efecto cinético aumenta lo sombrío
de sus gestos.

Se ve que es un hombre de modales trágicos
sin argumento indirecto
como en una película de Hitchcock.

La tinta baja de lo inverso a lo adverso
produciendo una incubación de abejas.

En el parque que está al doblar la calle

Las abejas se filtran por la malla metálica
cubriendo las paredes de mi habitación
mientras yo observo en el parque
a un ángel que se ha quitado las alas
para dormir.

Su aspecto es la de un hombre
que ha perdido una apuesta
a los caballos

y ahora se siente terriblemente
ojeroso y desdichado.

Muchedumbre

He ahí que una muchedumbre
está cubriendo toda la pantalla
arruinando los pequeños momentos
en los que sucede una tragedia
que nos quiebra el bigote.

Es como si una damisela se ahorcara
con un cabello largo y fino
del que sale una música indescriptible

mientras otra damisela alcanza
la unidad del volumen de la "o"
en la "s" tirada por la ventana
de mi asiento
donde es menos la "e" cíclica
de mi primera palabra casi oblicua.

Eso seguramente no tiene que ver nada
con la descripción de una muchedumbre
en la pantalla

pero a veces el poema es impredecible
y puede incluso estropearse
como casi todo en la vida.

El hombre del traje gris

La damisela se siente seducida
por el hombre de gris
que acaba de encender su cigarrillo
en la semi penumbra.

En ese instante yo siento que soy él
o él adquiere esa forma muy mía
de cerrar el poema
con dos palabras ambiguas
como "clepsidra" y "bermellón."

Pero el poema no cierra
con esas inocentes palabras

es necesario decir algo rotundo
y desmedido
algo inconfundible y contundente

como las piruetas de un psíquico
aeroplano de papel
o la caricia de una momia
en un espejo.

Seres de otro mundo

Una simulada acrobacia
como la que hace el gavilán
antes del anochecer
es practicada por los huesos flojos
de un señor miope
que vive en el sexto piso
con su madre
una anciana con manías.

Él se la pasa todo el día contando
las hormigas que van sin distraerse
por una grieta del muro
que separa un edificio de otro.

La anciana se la pasa
sentada en el pasillo
escuchando y vigilando
a los ratones
como si fueran seres de otro mundo.

Ambos se comunican de forma
telepática sin usar las palabras
de ese modo nadie se entera
de sus asuntos estrictamente
ajenos a la contaminación antinatural
que controla a los demás.

Ánimas

Mi vecina
desafortunada los lunes
por la mañana se embriaga
para maldecir su suerte.

Espanta a las palomas con agua
de alcanfor
lo que hace enojar a su marido
que es supersticioso
como una albóndiga.

"Es de mala suerte —dice él—
proferir palabras
contra las palomas
o echarlas del balcón
con exorcismos."

Las palomas controlan a las ánimas
que vagan noche y día por todo
el vecindario
y ensordecen a los niños
con residuos de uñas de mujer.

Ebrias como el desarrollo
de los callos en los dedos
corvos de quienes hablan
con murmullos
las palomas exorcizan
a los caminantes

convirtiéndolos en hojas
que el viento suavemente
arrastra.

Hormigas

Las hormigas son piezas nucleares
de un rompecabezas que da trabajo
armar.

Con menos esfuerzo del que ejerce
un huracán pueden destruir
un edificio
o trasladarlo de una ciudad a otra
sin que nadie se de cuenta.

Las hormigas que duermen
son devoradas por el primer
                    canto del gallo.

Por uno u otro oráculo

Alguna descripción poco familiar
que ponga de revés el mundo
el mínimo mundo sin final
que como ánfora se rompe
en nuestra mano

hela aquí entre dos palabras
disonantes
que cierran el poema desde
dentro: "matutino" y "desbordante"

o si no
demos vuelta a la página
que dos palabras finalmente
son meollo de una fábula
en concreto desarmada
por uno u otro oráculo
o por el vuelo de una garza miope
o por un coche fúnebre que avanza.

Supervivencia

El paisaje se ofusca
por el verdor agitado
de las cabezas enterradas
que están reproduciéndose
con los rayos de sol
y las lluvias esporádicas

orejas en racimos
altos tallos lechosos
los cuerpos muertos
germinan como plantas
y viven una vida de anémona
respirando por las traqueas
de las hojas
escuchan con orejas de orquídea
se alimentan como las miosotis
por una boquita vegetal
con dientes vegetales
y una lengua vegetal
que es como una hoja
magnetizada por la propia
saliva
para nutrirse y curarse
en caso de hongos
o de cualquier parasito
foráneo.

Las moscas

Aunque pueden hablar
prefieren no hacerlo
al menos en la forma
habitual de los cocuyos

han concebido un sistema
de alarma que se activa
mediante reflejos corporales

pisando una alfombra enrollada
o arropando al dormido
con una sabana encendida
o con una brizna soporífera
de bronce
que va soltando al aire
la tierna hoja mojada
que tintinea lo mismo
que un cocuyo

ante eso plausible y simulado
como una pluma de retraimiento
de posesión

esto es hablar un lenguaje secreto
lleno de códigos indescifrables
como aovado por las cicatrices del agua.

Una damisela que no tolera a Nietzsche

Yo vigilo el chaleco abierto
de Alejandro torturado
por las bestias del círculo
maligno

se lo tortura con esmalte dental
como a los dioses ebrios de un pais nonato
y como sitiando una bengala
con una silla que ha perdido el fondo.

En otra edad de la otredad
superlativa de los vínculos
endebles de la lógica
vamos en busca del margen presuroso
de las hormigas
abriendo más y más aquel bulto
lleno de palomas muertas.

Otra vez la lógica onírica
rojiza y desarticulada
como los peces que nadan sin cabeza
la lógica adaptada a los aparatos
de contención biónica
como la rabia de un marciano
o las gafas oscuras de una damisela
que no tolera a Nietzsche.

No tolera a Nietzsche
por una razón sentimental
o porque el vínculo del gas
con el fuego ocasional es de
índole materno
como la subordinación
de una luna imaginaria
con los hongos que crecen
en el patio.

En vano

La lógica nos da razones
para desconfiar de la lógica
del mismo modo
que desconfiamos
de la trivialidad
de los nombres occisos
de las calles asfaltadas
y de los maniquíes
ultrasónicos.

No es aconsejable
desconfiar demasiado
a menos que haya
demasiado sol

o nos duelan los pies
y las rodillas de tanto
caminar
          en vano.

El círculo macabro

La hiena ignora este homenaje
que me impone el amor
como una costura babilónica
incoherente.

Es incoherente y hasta odioso
el canto de los pájaros
a menos que se adhiera
el olor del café a la lluvia
torrencial

o que el cielo se incline del lado
oscuro de la lógica
o sobrevenga como burbuja
un color terroso que borre
los pesares.

La lluvia deteriora unos símbolos
colmados de exquisita furia leve
que yo inundo y transformo
en los pañuelos de blanca
envergadura.

En nombre desde luego
de una lógica cacofónica
capaz de adherirse al omóplato
del círculo macabro
o desertar.

Las jirafas

Se hace compacto y numeroso
lo lleno desde lo vacío y viceversa
porque las voces aturdidas
nacen doce veces de una piedra
de una piedra accidentada
con dos válvulas.

Una piedra dividida como un globo
apaga las jirafas que no giran
duplicando los incendios anteriores
de las letras
hasta formar palabras con espejos.

Se niebla el rojo azul del huevo
que es el mundo
el mundo plano y negro
de los rascacielos.

Las voces apagan las jirafas
que aprenden a girar
sobre sí mismas

y son palabras inocentes
que se filtran por los muros
como el agua de los pozos
y la nieve.

Recuento

¿Te acuerdas de aquel día
que sólo sabía arder
arder y revolcarse en sombras
más espesas?

El mundo no era nada entonces
y tú y yo creyéndonos dichosos.

El mundo amorfo desenfado.
El mundo con sus rayos lunares
envolviendo las aguas
en papelitos incandescentes.

Pedazos incandescentes de periódico
haciendo el mundo mas pequeño
mas fácil de atar a la punta del hilo.

Aquellos pájaros que vuelan en circulo
haciendo el mundo más firme
y más redondo
como la sed y el oro inquisitivo
de la Guerra Santa.

Marfil con budas verdes

Todos los pedazos de marfil del cocodrilo
tienen el sabor de tus pestañas falsas

blanqueadas por la ira
que se pega al tubo
de la lámpara
como una mariposa
desecada.

Llueve y es incierta la lluvia
que cae en otra parte.

Cortas los hilos que me atan a ti
y vuelves a soldar mi corazón al fuego
y me llevas desatado de mí mismo
a todas partes.

Iluminado por una
mariposa desecada
en una lámpara de gas
rodeado de muchos
budas de marfil
mientras la lluvia acrecienta
la fiebre en mi garganta

mi piel está reseca
se me corvan los dedos
de las manos
siento frío y calor a la vez

mi frente se quema
como una mariposa
desprendida
de todo.

Allá a lo lejos

Te amo desde el único
sombrero inquisitivo
que la lluvia perfora
cuando sueñas.

A veces te pareces
a un rayo de sol
o a una gota de agua
con un sol en el medio

y te pareces al murmullo
de las hojas de otoño
murmullo o quimera de una
góndola fosfórica.

Te amo por el suave alambrado
que agudiza nuestras manías
sin acordes

y porque a veces pierdo
mi lugar en el mundo
buscando para ti un ardor
que no cesa.

Te amo desde el silencio grave
de mis budas felices.

Ardo dentro de ti
allá a lo lejos.

Cómplice

Yo era la incendiada gota
de la obsesión involuntaria
que descargaba mis quemaduras
y mi risa inexplorada
bajo lentos escarabajos de saliva.

Tú eras la cúspide primaria
que daba concreción
a mis limbos de cera
y dimensión al tacto inesperado
y eras todavía mis puentes nocturnos
uniendo dos partes inversas
de mí mismo.

Ahora yo no sé lo que serán mis pasos.
Yo no sé lo que es lucidez
ni lo que es belleza
ni lo que son las plazas
ni el destino de un astro
ni el estarse parado en una calle
desmenuzando el aire
o el silencio.

Me tambaleo ante el revés
de este alarido silencioso
y este asombro prístino
como si una sensación de vigilia
me llenara los huesos de algún
desestimado afán de rebeldía.

Me sostengo de dudas
y de golpes austeros
que me dejan temblando
entre dos noches solitarias.

Entre dos siluetas amarillas
que se fingen amor
y mueren pronto.

Amor amor amor
yo te consagro
y el vino te consagra
y el polvo y el temblor sagrado
de los crisantemos te confiesan
una consagración maníaca
cómplice del azar y del deseo
cómplice del universo
y de la nada.

Sonido hermético

Con un garfio de agreste
procesión y vigilancia
la sensatez por el hueco
de mi blanda costilla
              me sostiene
        me impulsa
me deja de la sed hondo agujero
para colmarse de las cúspides
que cierran las palomas.
Lo cerrado de alguna instrucción
mágica decrece
y se abre con exceso el remolino
que va a envolver la luz en polvo.
Se quedará hermético el sonido
que aquieta los relojes
con sucesivas pausas de lo que sólo
está abierto
los párpados asumen
una verdad semi húmeda
en los rayos parciales
de la bondad oblicua.
Se sueldan con amianto
las cabezas anónimas
que flotan sobre una uña
         arrancada de cuajo
                al rezagado
         al quejoso
al que se juega el todo
        por la nada y viceversa.

Zona hermética

Los clavos fabulosos
perdieron sus cabezas
y las pulgas que perfuman
los ojos de los cuervos
saben que allí se suda
un sueño casi de escafandra
entre las bicicletas y los loros
el sofá manchado por el uso
el olor de la leche hervida
las papas que se pudren
y la gente que va y viene
a los balnearios
el olor del jabón mezclado
al de la sangre
que se pegan con saliva de mono
en la cuchara ígnea todavía
pesa el humo de una vocal cerrada
y amarilla como la sangre
que boga entre siluetas
y muslos y pedales.
Lo que se estanca
en medio de lo claro
pertenece a la zona hermética
tornar oscuro el orden
de la realidad
equivale a desnacer.
En este punto solo desnace
la piraña.

El gavilán perezoso

Tiene ojos muy rubios.
El corazón se le llena de alas
pulidas de sol
y aunque duerme poco
sus labios pedalean
a la orilla del fuego
sin quemar las palabras.

Son causa contraria
a la unidad combada
y rutilante.

Los domingos se le vacía la voz
y los papeles se vuelan
se pierden.

Se oye su respiración forzada.
El bosque cortado por la mitad
se esconde para desangrarse
se esconde en una uña
de gavilán perezoso.

Paralelismo

Nunca antes se pudo
haber referido
nada del otro mundo
el otro mundo paralelo
al nuestro
que se vive afuera
en lo espacioso
que se supone
habrá más luego evaporado
márgenes de falsedad
y tardes a la orilla
de otra orilla
en el pantano de las cárceles.

Algo de todo disminuye
o crece abajo
donde se ha unido demasiado
a la voz un silencio cínico

a la humedad del suelo
se une un poco de pánico
pánico verboso
con ramas bien ardidas.

Allí las babosas entran
por el ojo de Dios.

Se han fundido la babosa
y la orquídea

a los espejos de jade
a los collares de jade
a las lenguas de jade
que vibran bajo el agua.

Por la sombra de los collares
en los espejos
por el agua y la sal
de la oruga quemada
por el sol sorpresivo
que llena los pechos

que van sin destino
buscando refugio
en la errante armonía
de la nube y del aire

las babosas de jade
se acumulan
sobre la línea en falso
de lo que solamente
se soñó palpable.

Yugo

Un pedazo de aire envuelto
en dos palomas
y unos senos casi aritméticos
para hacer el minuto
de la coordenada
en el jardín que apaga el labio
purpúreo y humillado
la nube abre un imperio
en los ojos cerrados
que me dictan de nuevo
el porvenir de las
podridas glándulas ciclónicas.
Las gotas de lluvia
bajan por mi pecho
vacío de cadencias
perplejas en bandada.
Absorta va la línea de mi mano
por entre el griterío de la calabaza
no se ve el aire ni se ve
la incumplida señal
de un esfuerzo sostenido
el humo y la seda
conforman un yugo
más vertiginoso
y lo imponen a cada
enmascarado silogismo
que cruza de la vida
en bicicleta
con ambas manos sueltas.

Viendo volar a los albatros

Los vagones de sal con que decora el cielo
las deformes enmiendas del abrazo
tu abrazo que margina a los albatros
y tu voz que parece salir de un estuche olvidado
nos seducen y a la vez nos sofocan
como si el suelo al sumergirse en el agua
se hiciera más amplio
como si el eco de las formas caducas
alternaran con el fondo para hacerlo
esponjoso.
En tus sueños escondo las noches que vendrán
por tu piel navegan los barcos sin rumbo
buscando un puerto remoto en mi cabeza
sombras cercanas de árboles ajenos
de abanicos robados
cuyas hélices definen la consumada claridad
de lo que vuelve a ser entre nosotros deleitable.

Simulación

Culebrean
se apagan en mis labios
cabecitas ardientes
de muchachas meciéndose
en la brisa

mirando sin mirar
como los parcos nenúfares
sin origen.

Todo marcha al compás de la nada
hasta el contagio de una antigua alegría
que fue nuestra
en un rostro en la arena
simulado.

Ardientes cabecitas
de muchachas meciéndose
equilibrándose en un pie
por los parcos nenúfares
que miran sin mirar
la noche sin origen
los párpados a penas
temblorosos
y los brazos estirándose
soñando entre las risas
culebrean.

Mueca

Salvo tu soledad
todo viene sobrando
en el espacio que ocupas
en ti mismo

dices
alzando el suelo de la vista
hacia los polos del cristal
desmenuzando sus ondas
como si algo de más lejos
se agravara del pasto

"acaba de cavar con golpe avaro
sobre lo ausente del bosque."

Es hora de cambiar excesos
que no crujen
lámparas que ya no nos alumbran
sitios que se quedan patinando
sin moverse.

En ti mismo ocupas
el espacio sobrante
salvo tu soledad
todo se mueve
alrededor de todo
como una mueca
ante un espejo.

La oruga

En lo amorfo de una
densidad madura
que construye la lluvia
bajo la grama
donde una voz aúna
intensos soles inauditos
separados por franjas del papel
la oruga se aferra a su marfil
de sueño
esta vez quitándose el disfraz
y abriendo las alas hasta el cielo
alzando vuelo sin distraerse
por la lluvia atronadora
y múltiple
inquisitiva y dilatada
que atormenta a las jirafas.

Los cofres vacíos

El eco de la lluvia
con corpulencia de oruga
arroja los minutos sobrantes
al vacío
mínimamente provista
de secuencia
como un álamo.

Los álamos insisten
en construir
con colillas de cigarrillo
una alberca
con ornato de cíclopes
luciérnagas faisanes
o jirafas.

Las jirafas son asustadizas
y echan a correr desde que ven
en el suelo una oruga pirómana
con casco de soldado y armadura.

Los cíclopes prefieren los arbustos
y los lagos
donde esconden tesoros
que ambicionan los hombres
deshuesados
cuyas almas se agitan
en los cofres vacíos.

Ya no quiero volver a morir

Uno nace y vuelve a nacer
de una espiga o de un rayo
uno nace y muere
para volver a morir
de un solo girasol
de una semilla
o de la espuma que se forma
en la boca de los presos.

Uno se vuelve una raíz para poder florecer
luego viene el otoño a poner huevos
debajo de las rocas

y uno va perdiendo los dientes
se enferman las camisas
la lluvia nos empapa
demasiado los zapatos.

Se pierde poco a poco lo ganado
y se pierde de prisa muy deprisa
la alegría acumulada con esfuerzo.

¿Para qué tantos nacimientos
y tantas muertes?

Ya no quiero volver a morir
ni volver a nacer
ni volver
ni nada.

Magnetita

El ascensor del edificio
donde vive el poeta
es cuatro veces más grande
que el cielo

y los amplios pasillos
de la alcoba
duplican el trayecto.

Sube con la velocidad
de su hechizo
baja con la lentitud
del esfuerzo.

Las nubes en pedazos
rearman sobre el lago
todas las interrogantes
que me he hecho del mundo.

Toda mi vida la viví
en un instante
mientras escribía este
pseudo poema telepático

borrado por la brisa de los párpados
inservible como el ascensor
de un hospital

sube con la lentitud

de tu esfuerzo
baja con la prontitud
obtenida en alcanzar
lo profundo de aquello
que se niega.

He ido soltando los trozos
de carbón
las brasas frías
de mi andar tan cabizbajo.

Ven a tomar mi experiencia
en turbulencia
añade diez demonios en quintales
diez parajes de abandono
a este pobre abrigo acuchillado.

Enigmas de la mano

Sin prisa

Para el árbol que apaga con la mano
sus pájaros labiales
el verdadero acto del hombre
es siempre oscuro

el hombre escarba en la madera
con sus dientes
distraído del cielo
que pende de su abrigo

va dejando unas huellas
muy rojas ya marchitas

en la amplitud del muro
esta colgado su esqueleto

sigue escarbando en la madera
abriendo túneles sin prisa

túneles inmensos
por los que habremos de arrastrar
nuestras últimas migajas de frío.

Nieve

¿Te acuerdas de la nieve
de París
que nunca vimos?
Todavía está cayendo
sobre las casas
pintadas de un nuevo terror.

¿Te acuerdas?

Bajo el puente abandonado
hicimos nuestra casa
como en un desdeñoso
ardor de labios
el ajedrez de nuestras vidas

fumando hierba y agua
porque ya no
habría tiempo para ensanchar
los limbos inferiores
de las bolitas de nieve
que abultan las raíces
en la sangre.

Soplo

Empieza ya la ausencia
su propia detersión
su marejada
su acrobacia desértica
tatuada en cada pómulo
sus sienes son de plomo
y son de plomo las plumas
de los pájaros
ya llueve
ya se descuartiza el yo
de la chorrera
ya se me desprenden
las costillas al toser
ya no me siento ser
estoy vencido como
un rayo que avanza
por la nada
echando al cocodrilo
un brazo
a ver si suena el hueco
de la oreja del molino
vamos
echa a rodar la piedra
que fue el hombre
desde cada palabra
bajo el arco de sombra
de nuestras lámparas
vamos
que ya no queda ni un silbido

a los desastres
se apaga el disco de la voz
se desmadeja el soplo
en el cristal
la luz se vuelve arena.

Una sucia franela sin color

Como el humo negro de los eucaliptos
o la trayectoria de los aeroplanos
sobre el cielo roto de las sábanas blancas
somos a manos llenas lo vacío
que cuelga
que se deshace
en medio de un vacío más grande.

Soluble en lo dinámico de un esplendor
al menos hoy los transeúntes recobran
el cielo en los granos dispersos del maíz
al menos yo me desenvuelvo bien
con el señuelo de mi propia angustia
al menos me doy tiempo
para ser
me tiendo entre mi no-ser y mi ser
como una vieja alfombra
pisoteada mil veces por gente abominable

hoy al menos sé que estoy entre mi yo
y el yo de alguien que yo invento
para jugar a ser múltiple o lo que es
verdaderamente estúpido
ubicuo
mi yo ubicuo
mis orejas ubicuas
mi andarme tropezando por las puertas ubicuas
con un cuerpo que se cree ubicuo
con una inmortalidad prestada

por mí mismo
para sofocar todavia más mi falsa ubicuidad
mientras las horas se me enredan en las venas
o las venas se me enredan
en la boca
como un bollo de clavos oxidados
como un grito que no me cabe dentro
y afuera casi no se oye
mientras los otros buscan la manera
de salir huyendo
o siguen prisioneros
en sus fugas mentales
la vida se encoge y se desgarra
como una sucia franela sin color.

Un sueño

Un sueño cambiará nuestras vidas
por el óvulo de la risa
y sabremos entonces que la vida
es extensa como las hojas que van
cubriendo el suelo
nos regocijamos entre los granos
de arena de las horas distantes
y danzamos bajo la luna hambrienta
de calor.

El humo de las fábricas nos lleva
a pensar en un cielo nuboso
muy oscuro y deslizable
más deslizable que las caricias
del fuego
más pesado que el ancla
de los presentimientos.

Los vírgenes presentimientos
que se pegan al techo
mientras dormimos sin soñar
o soñamos sin dormir

contrariados por los vínculos yodados
de un yo a contragolpe
un yo llovido desde los huesos
de los pájaros flemáticos.

La belleza del mundo arrinconada

en su propia humareda
desatando los nudos de la rabia
ordenando las viejas pesadillas
en baúles que ya nos pesan menos.

Escuchamos muy atentos
las pisadas de los transeúntes
los transeúntes que no duermen
ni sueñan ni se enfadan.

Seguimos dormidos en un sueño
del que no queremos despertar.

Exhortación de medianoche

Sueña y un día verás la recompensa
de tu claridad
la claridad inmensa que viene
de los sueños
rebotando de las almas sofocantes
o rebosando de dicha los armarios.

No te aflijan la violencia interior
de todo intento
ni las manchas de agua en la madera
envejecida por el moho.

Sé amplio y ubicuo como el trueno
sé todo el espacio abierto
y la locura de vivir herméticamente
a la intemperie
entre la bruma y la brizna
entre la roca y los riscos
desafiante
vive tu propia locura como un necio
y sé cuerdo como las urracas
o mucho mas cuerdo todavia
que una tuerca.

Enciérrate en tu propio círculo
y hazlo tan macizo que de trabajo
imaginarlo.

Deja que las negras raíces

de los eucaliptos
se nutran de tus partes
más íntimas.

Tú eres lo que los otros son
e ignoran de sí mismos
y por eso no albergan
sino recuerdos tuyos.

Ríete de aquellos más osados
ríete de aquellos más sublimes
ríete de aquellos menos locos
ríete de la simplicidad
que otorga el abandono
ríete de la simplicidad
con que saludas.

Hellcat

El suelo sobre un ángel
va sangrando
almorzamos las tinieblas
del sábado
mi novia dice que aún el amor
puede ser comprado en las joyerías
del cielo

la bella hechicera me ha puesto
un collar de acertijos
y desde entonces
toda palabra mía
es un golpe de aire
en el espejo

un poco del olvido
se arremolina en tus ojos
ante las maravillas
de las grandes ciudades

cada pedazo de tu infancia
te traerá una esperanza envejecida
y el sol
cubierto por los pájaros
ya no tendrá el olor
de las manzanas

un ángel que rodea
con el brazo las cenizas

de nuestros pasos
dejó la cera de sus alas
en el asiento del avión

el cielo puede huir
de las pupilas
recién sacadas
del cajón de nuestras lágrimas

el amor es semejante a la muerte
en lo dulce
en lo excesivo.

Suicidio inventado

De mil modos neutrales
morimos cada día
sobre el lugar del cielo
nada más el silencio
atormenta a los niños
el ruido de las locomotoras
que suben al almendro
   asustadizas.

Gira veloz la voz desde la puerta
que no se abrirá nunca
el sol en la costura de los labios
se ha dormido
las pupilas llenas de sangre perpetuada
sobre el marfil de las lonas
y la dentadura de hierro
con inscripciones de serpientes
que tiran sus huevos a la hoguera
porque el mundo ha perdido sus ruedas
en batallas que nunca se ganaron

hoy me quiero suicidar
por lo neutral del cielo
y porque ya perdí las ganas
de reír y de llorar

¿a la orilla de qué hemisferio
de euforia
invento la zona telepática

la lumbre indivisible
de que soy víctima?

Me cierran un camino
con enormes rocas
junto a las cuales
me siento a descansar.

Poema dosificado en "a" y "z"

Te cedo estas palabras dosificadas
del temblor de mi cuerpo
y te cedo para siempre la alegría
de nunca más
ya todas mis palabras serán
de dos en veinte
y no ya de cien en doce
por el ramito azul de besos colorados
besos lamidos desde lejos
y abrazos que me mojan el alma de
cuerpos invisibles.

Todo lo que se guarda del polvo
se ilumina del polvo
hasta las voces aparentes
que van cayendo
allí donde no hay nada.

¿Por qué tendrá que ser así la vida
y no a la inversa de lo vertical?
¿Por qué han ser de nuevo horizontales
la pausa
el ojo
los naipes ulteriores?

¿Por qué si digo "surco de labio"
no florece el imperio?

¿Por qué si digo "a la raíz

de los vuelos del clamor"
mi mano de tu mano
se vacía y se llena?

Y si respondes
¿no es natural
que se anticipe
la perenne emboscada
de los brazos abiertos?

Para saltar del trampolín

Rima y rema el dolor de los ahogados
que doblan el pantano
y se llena de música
y se agita en el polvo
esta vivacidad que dejo
entre palabra y palabra.

Lo que ahora te ofrezco quedará
(te lo juro) en el péndulo de la
grave edad que hace de la
gravedad un conjunto de llaves
para abrir esto mismo que no sé
lo que es.

Es al revés de lo que te diré
donde me he quebrado los huesos
que me faltan
y mi alma se desgrana en tu mano
extendida.

Recoge este fragmento del ojo
que te mira o te adivina.

Tacha
recubre tus melodiosas
manías interiores
de una sed sin acordes
abundantes.

¿Has palpado el silencio
que te ofrezco
en los cofres repletos de hormigones
donde se sueña siempre
alcanzar algo del otro lado
que no sabemos qué es?

¿Has visto cómo ríen
las bicicletas
bajo los arcos
de las piernas
de las muchachas
neoyorquinas?

¡Ríen con todos
los pedales!

La casita en el monte

El ocre aliento del monte
se despeña entre sus jaulas.

Mi amada se peina con mis dedos
el total desconsuelo de no tenerme
siempre

de no ser un destello a cada hora
en la grieta indispuesta de mis
fantasías.

Las cobrizas risas enroscadas
a la bondad retornan.

Ya se triza prematura luz
y la ceniza de la hiena
te hace resbalar
muy a menudo.

Ven
que me destierro
de mi ilusión cambiante
y del sonido impropio
de los huracanes
en sus bellas botellas
de alcanfor.

La puerta transparente

La puerta transparenta
los pasos hacia afuera
hacia ese lugar en la memoria
que se achica
el sol se desfonda de las carcajadas
y la huella de los transeúntes
hace que se desvíen los barcos
hacia el fondo

uno pierde entre tanto el equilibrio
de tantas cosas tiernas
y nada puede hacerse ante nada
si lo que pudo haberse hecho de antes
quedó sembrado en el terreno ajeno

y solamente allí en lo propio de cada
criatura habría de comprobarse
alguna lucidez
algún acercamiento prístino
de chispa irregular.

Cada hombre es dueño de su desdicha
la mía te la regalo a ti
que sabes donde tengo escondido
el más grande privilegio de comprender.

¿A quién podría importar
las miserias de un hombre?

Esto que es
por insistencia material
inmaterial
sólo puede nombrarte
desde otro lugar en el tiempo.

A nadie pertenece
la puerta transparente
que abre al infinito.

El otro sol

Alto paraje en el bastión oscuro
de la lluvia en su breve anatomía.

"Nada es nuevo" y sin embargo
hay soles más altos que la bruma.

¿De quién es la palabra circular
que suele arder y arder como
un murmullo?

Todo es nuevo para los pies
que avanzan.

El sol en mi bolsillo
arde lo mismo que el otro sol
que cuelga de los arboles.

Hay mas novedad
en una vieja urraca
que en las cuevas
aun por descubrir.

Mas lo que importa
es hacer más extenso
el infinito.

La muchedumbre y su destino

Las ventanas se hastían
de esperar
empiezan a danzar
en la punta del eco
los mansos camaradas
del rocío.

Amada
tus manos bondadosas
transforman la pared
de la celda
en cielo vertical.

Ser a la deriva de lo abstracto
como el eco del vuelo que
pierde la corneja.

No se tiene memoria
sino de lo inmediato.

Ser la misma soledad
que nos circunda
es ya la muchedumbre
y su destino.

Vacuidad de la víbora

Lo que la nube sueña lo presiente
la hoguera
lo que presiente la piedra
convulsiona.

Se reviste de colores nuevos
el diente negro del profeta.

Se aleja de su círculo escarlata
el hombre taciturno
que va a morir mañana.

"Vacuidad de la víbora"
llama el hombre a su sombra.

Se oyen pasos al otro lado de la acera
el muro entre comillas derribado.

He aquí la llave
que abre la cajita
de los tesoros
del buda.

Para reconstruir una ausencia inmediata

En cada abrazo se recobra
una ausencia más amplia
¿qué tan amplia podría ser
la ausencia de aquello
que está siempre
a nuestro lado?

Yo era feliz a pesar
de tu bella sonrisa
y de tu pecho más leve
que una puesta de sol.

¿Has visto el viejo sol
distante de Moscú
desde la buhardilla
en la prisión?

Manta

La nube despedaza
el cristal que distorsiona
los velámenes de risa.

El ojo que se abre
se desliza.

Se triza
la voz de quien socorre
o agoniza.

En la emboscada
de su nacimiento
hay solo cenizas

cenizas como del pulso
de algún dios
oculto en una manta
que se eriza.

Un grito

Transforma el fuego
la silueta del agua
que vierte sobre el polvo
su otredad carbonizada.

Se abisma y unifica
en la dispar enmienda
de ser como de hierro
o dinamita

el circulo simple
de la boca.

Un grito nos devuelve
la sed que no se sacia.

Moscú

¿A qué ha de conducir
todo el absurdo de mi despertar?

Despertamos en una
ciudad desconocida.
Allí no hay seres parecidos
a nosotros.

Vagamos por las mismas calles
pensando pensamientos parecidos

sintiendo más temor
a la amistad que a los
ciclos momentáneos de alegría.

Nos sentimos distintos
a los otros porque hay
perros y doncellas
bulevares y paraguas

somos distintos a los otros
porque llueve.

Llueve en una ciudad
en la que no estamos.

¿Es real la lluvia
que está cayendo ahora
en Moscú?

Vapor

Mis pupilas se llenan
de una larga monótona
alegría
en cuyos pétalos reposa
dividida como un sueño
la rosa de vapor colgada
al cielorraso

la rosa de vapor
extraída de la máquina
como las nubes negras
que va soltando ahora
la locomotora.

Toco el aire
y se abre un hueco
por el cual me
deslizo intangible
como una rosa erguida
en su blancura.

Pirueta

Antes de decir estas piruetas
que no dicen "tranvía"
porque niebla
o "ventanilla" que nos abre
los ojos hacia el mundo
donde la niebla del tranvía
es otra niebla

fulgurante

palabra que nos quema
los párpados

palpando una gaviota
ensimismada como un muro.

Las pinzas del escorpión
y las garras del agua
aprisionan las palabras
las fugaces anónimas palabras.

Las invictas palabras
forman circulos
con los rieles que la lluvia
o la neblina confunden
con bultos movedizos de rescate.

Las pinzas del escorpión
y las garras del agua

entre los rieles sin pintar
definen a la aurora.

Ya va a descarrilar el sentimiento
de la aurora
que es como una mano
acariciando una cabeza.

El mirlo

Suelda la voz el eco
del martillo
construyendo en primavera
las rojas alas del mirlo

un mirlo del color del viento
negro como una cicatriz

envuelto en una toalla
sin poder moverse

el río lo ha empapado

y tiembla.

Enigmas de la mano

Para mi gran amigo, pintor Miguel Pineda

La mano o su temblor es lo que queda
de todo lo que borra el albo cielo.

Las aves sobre el lago del hastío
y los muros de las calles atestados
de símbolos
precoz emanación de la soberbia.

Llueve
se oxida el mediodía de mañana
en un banco del parque
los ecos agrupados
sin destino
¿acaso han muerto ya los hombres
que emprendieron el camino hacia el muro?
¿En qué lugar del límite se alcanza lo sin límites?

Desnuda transparencia la del canto.

Recobra tu alegría aunque fuese en pedazos
así me digo cuando en alguna parte de mí
se niebla el cielo
y puedo ver entonces hacia dentro
con esa claridad que el mundo ya no tiene.

Lo estéril de la tierra ocupa otro lugar
en lo amplio del tacto
en lo reunido en la oquedad del beso
en lo prófugo que guarda la ventana

en un latido de algo que sabemos informe
dilatado
aunque está allí
en lo abundante de un pecho
que vierte sobre el suelo
la secreta cadencia de su empeño.

Abierta la mano es como el cielo
otorgando a la vida nuevas cosas
que no se ven de pronto
astros que se rebosan de una ausencia tangible
ajena al microscopio.

¿Has oído tu propia voz colmada de
algún desorden tierno?
Una voz nace de sus propios pedazos polvorientos
y se eleva o se ahonda desde el aire.

Oigo mi voz que viene de tu voz
y de todas las voces
que no he alcanzado oír.

Una pequeña verdad hace al hombre
más puro que todos los astros.

La mano multiplica los enigmas del hombre.

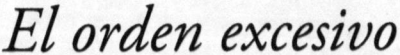

El orden excesivo

Esperando a que anochezca

Camino lentamente hacia lo interno
de lo que no se ve.
Dios hizo la imagen de los eucaliptos
a semejanza de los pantanos
y las tijeras a semejanza de los aullidos
y las culebras a semejanza
de un vaniloquio sin su faquir.

Por eso la danza es semejante al vapor
el vapor semejante a una sombra
que vuela sobre mi cabeza
la sombra es semejante a la luz
y la luz se pierde en la sombra
que nace del humo.

Por la secuencia atormentada de lo real
la primigenia cristalería es paralela
a la fiebre del buitre.

Alguien junto a esta puerta
muere de pánico
en Santo Domingo la luna se desmaya.
Del lado opuesto de la primavera
alguien desde mí deduce
lo absurdo de la porcelana.
Yo induzco a la invariable
variación postergada
de una llovizna entre rojo y azul.

Llueve sobre mis cenizas afelpadas
mi rostro se diluye
con un pincel barroco

el suelo se entreabre
blando espejo de hojas pisadas
por cíclopes y cisnes que terminan
reintegrando esta fábula.

Entro por una puerta
que hay en la pared
y allí junto a la chimenea
escuchando los latidos
de mi antigua camisa sin lavar

me quedo
esperando a que anochezca.

Canandaigua

El abundante sol
y la huesera de Canandaigua
caen sobre el monte desmelenado y gris.
El aire es imperfecto y huele a polvo
la luz envuelve cántaros mojados
sobre la tierra abierta.

Con esa acusmia loca
de la región opuesta
no se requiere aprender
de memoria el nombre
de las calles.

La angustia llena un hueco
de follajes muertos
la angustia es el homúnculo
del bosque.

Alguien muere en el momento de la caricia
muere sin cerrar los ojos.

En Canandaigua cada quien
paga su ración de libertad.
Allí nunca se admite a un hombre triste
ni a una mujer estéril.
Allí moran los cuervos y las hienas
y algunas mujeres desvalidas o audaces.
Pernoctan como avispas
por el camino oblicuo.

Como si algo se hubiese quebrado de algún modo

Mamá se peina sin verse ante el espejo
como si algo se hubiese quebrado
de algún modo
allí dentro de su atmósfera
guardo también un llanto tierno.

Todo avanza despacio hacia un
comienzo anterior.

Ayer murió mi hermana de dos años.
Me dejó la forma de un hueco
el soleado abandono de su despertar.

¿Qué haría el hombre
sin la loca ternura
de la muerte?

Ornamentos de oruga
puliendo los cristales.

Todo lo que se agita
en medio de las multitudes
sucumbe ante ella
traicionado y devorado por ella.

Pese a mis dos últimas camisas
en mi pecho de pronto
todo se llena de sol.

Mañana

Mañana es un pasado
que me cabe en las manos
y que puedo guardar
en un bolsillo roto
mañana es una ausencia
que me araña los ojos
mañana es un cansancio
que tiñe de blanco los recuerdos
o un aire que al ser abarcado por la mano
se triza como un ángel o una hoguera.
Mañana se romperán las piezas
de un breve escalofrío en la mirada
y yo estaré en la orilla
de aquel día proscrito
golpeando rojos muros
por la dicha del prójimo
o masticando los élitros de un piano
que junta los mañanas
en la boca sedienta
de los muertos.
Mañana será un hueco mi mano
y yo
otro hueco
palpándome la risa
con un tibio toser acalambrado
juntando las orillas del día y de la noche
para que dure el aire de un mañana
que ya perdió sus ejes y sus años.

Oleaje

Yo dije "es el delirio
de las transparencias"
y se incendió en el ave
un sueño más remoto.

El mar peinó los hilos del pensar
y en la orilla agonizaban el sol
de la mañana y otros hombres.

En la distancia una sombra
desgajaba la pared.

La palabra naufragio
se apagó en la noche
y tu gritaste:
es el delirio de haber estado aquí
en lo roto del tiempo y en lo solo
midiendo transparencias
e invocando a la muerte
desde el otro

o descargando las miradas
que ya fueron saqueadas
por un oleaje denso
de arrecifes volubles.

El sueño una vorágine

Vendimias son del suelo nuestros actos
el aire se arrincona en el espacio roto
de mi voz naciente.

Un sueño del árbol emerge de un cristal
y en la vorágine que avanza silenciosa
oímos: "no te detengas en la perenne
oscuridad consciente."

¿De dónde viene el eco
de lo que ya no oímos?

En nuestros pechos abolidos
se eternizan las sonrisas
los gestos delicados
y el abrazo guardado
del amigo.

Tal vez de nuestras ansias
se impregna todavía
el patio que se agranda
como un puente:
sus extremos coinciden
en alargar sus ámbitos.

La luz nos cubre el rostro
con su mano enlutada.
La luz invade nuestras frías paredes
con su gruesa pelambre auricular.

¿Has visto en los ojos de tu amigo
tu rostro más real?

Sentir la misma angustia
que los otros sienten
cuando algo en sus voces
los arrastra sobre las tablas
del cuarto a media luz

levando el suelo al pecho
como se lleva el hueco
de las cosas más graves.

Abalorio

Celebro las formas ácimas
del día pusilánime
y las ruinas del ábaco fluvial
o dactilado
y los golpes de lluvia entre las venas
y las monocordes tarántulas de humo
en el pulmón infecto
y las miradas rotas
como abalorios pálidos
y tus pasos apenas presentidos
en la mañana fría del otoño.

La cajita de fósforos

Se llena de tiernos huracanes
la cajita de fósforos

y como fibras de humo
en las pestañas
se pudre la leña
en los rincones.

Los candelabros

Celebro el ópalo harapiento
de los soles del grito
y tu semblante reflejado
en la madera ebúrnea

el agua es como tinta
que refleja lo estático
entretejiendo gritos
de otros labios.

Tú eres como el agua
en la madera simple

simple y fulmínea
como los candelabros
que se rompen los brazos
al asirse
a un espejo
tan desértico
y tan frío
que no parece sangre
de tu frente.

Eres como la luz o el aire
recogida en ti misma
plena en ti como un perfume
y suelta y sucesiva
como un grito en la noche.

Infancia

Las ventanas cerradas de la infancia
efigie arrinconada en la humedad
del suelo.

Duelen los relojes que se oxidan
como naranjas secas en la sangre
y duele ver que se marchitan las miradas
se vacían los sueños si no están en la cocina
o en la brisa tus luengos brazos tiernos

tu voz que eleva todo
y saca todo el abismo
a solearse en la arena

como una pelambre amplia
como una playa sola
el abismo de haber tocado
las vértebras del fuego
con un lagarto vivo.

Se abren las pálidas ventanas
con el sol tierno del bosque
y en el suelo todavia húmedo
se arrastran las babosas.

Fugaces aguaceros

Fugaces aguaceros rondan la mañana
Santo Domingo sigue siendo
un pedazo de tierra circular
que pude haber soñado
pero de esto y de aquello
se cumple lo invisible
se ajustan al último minuto
las horas coaguladas del domingo
por si una cellisca osara
ser el monte
por si mi llanto astillase
las luces inexactas
que sirven de remiendo
a muchos hombres.

Ambigua como un cofre

Tú eres como el sol
en los valles del sur
minuciosa costurera
de nómadas cascadas.

Y eres como el polvo
cuando el viento lo esparce
ambigua como un cofre
secreta como un árbol

y ubicua sempiterna
y angosta muchedumbre labial.

Tal vez la noche
ahonda sus cristales
tal vez se enreda
al suelo desgajado
como un pájaro.

La mano que saluda al viento

¿Qué otra realidad
yace o subyace en el sueño
de los hombres?

¿Por qué en la noche
soleada de caminos
hay una sombra mía
que se aparta marchita?

Hay muros
por la luz creados
y luces que la voz
dilata en puerto ajeno.

Hay un conjuro nuevo
que a la sangre vuelve
tiene toda la desesperación
de una gacela

y la abundancia de
una mano que saluda
al viento.

El espectro

La noche entra por las hendijas del ojo
y le da forma a las cosas que vemos.

La nube y la piedra concluyen en cerrar
la mano de un hombre dormido
de la que brota una sucia savia musical.

El aire esconde una cabeza
entre lejanos ladridos.

Esta cabeza es la de un hombre
que sueña estar despierto
y para comprobarlo abre los ojos
y ve que está vacía la piedra donde
lo enterraron.

Las luces

¿Qué importa si se hace oscuro
el día de mañana
que a pesar de las luces
definitivamente bellas
no veremos?

Oh las luces plantadas en algún
lugar de nuestra memoria
tenues como el vacío de una verdad
sin forma.

Así el destino humano
alcanza otro nivel
revistiendo la sorpresa
del eco del que penden
dos cuerpos que se alejan.

Edifica el delirio contornos
de opresión
mientras la luz
cubierta por una veladura
de hierba agigantada
es casi ya un retrato
en el que no cabemos.

¿Por qué contradictoriamente
nos parece que obstruye
la memoria que avanza?

Nada que no sea sorpresivo
ha de ser consistente.

No al hechizo de la muerte
el hombre teme
sino a la consistencia
de amorfa su levedad.

El frío

Había un poco de sol
bajo mis huellas
y la brisa llevaba
el uniforme roto
de los soldados forrados
de amarillo.

El papelito azul
que eran mis huesos
lo empujaba la brisa
y sollozaba el amuleto
de un no-suceder.

El fondo de las cosas
está en la superficie
y no lo vemos
sino cuando se rompen
en la mano.

Aletean
    serpean
        se desgastan
los tibios desajustes
             maquinales.

El frío desordena mis huesos
con un espeluznante forraje
de paloma.

Lautreamont

Caduco el estertor de verde cola
y la semilla en grana vertedera
y la luna peinando los contrastes
del barco que se hunde en la saliva.

Caduco el resplandor
con que se abisma
el geniecillo de los
parques domados.

Cansado de sahumar
la tierra chica
empieza a fermentar
mientras cavila

a dar con la cabeza
en los vitrales
con tal de que se
vuelva mineral
este destino

y el frío con sus válvulas solares
mastique más de prisa las tenues
cabecitas que bailan en la plaza
abandonadas.

Lautreamont con sus gestos minimiza
y trastrueca rebosante pavoroso
rumiantes viñetas el olvido.

Qué absurdos
qué deliberadamente
absurdos
los ladridos desde el fondo
de los lagos.

Yo
biznieto del laúd
acabo de morir.

Oh sepultadme
entre los hilos rotos
de una bella canción
de amor.

La grieta

Hay una grieta en todo
novedosa y simple

que se agranda
como los pasos del hombre.

Una grieta en el pómulo
nos engulle la cara.

El hombre hizo una grieta
en el aire
para pasar por ella
y olvidar a los hombres

pero la grieta se cerró
y el aire quedó detrás del aire
como un muro detrás del vacío.

Pensando que hay una grieta
debajo de las huellas
una grieta que nos impide caminar
el hombre creó puentes
de sofocaciones
puentes tan largos que todavía
no se pueden pasar.

La jaula del león

Se vuelve luz la sangre
se vuelve arena la semilla
o el agua.

Se aquieta el remolino
que forma la mirada
alrededor de algo luminoso
y caro a nuestro instinto.

Se vuelve a la semilla
que está guardada
en una jarra antigua.

Se vuelve a ser espuma
o vértigo
o relámpago.

Buscamos sostenernos
en un pie en el instante
en que la jaula del león
se queda abierta.

El orden excesivo

Para el poeta y amigo Eloy Alberto Tejera

Ordena tus imágenes y símbolos
con un gesto de euforia
o de indulgencia

intercambia densidad
y volumen
fija tus ritmos en la vaguedad
del silencio

otorga a cada signo
un espacio de acción
de retirada.

Embriágate de vez
en cuando cada día

haz que tu desencanto
duela más a los demás

exagera
ve siempre al extremo
de tu verdad gloriosa.

Sé desmedido siquiera
en tus modos de elevación:
aférrate al vacío como
el cóndor que nace.

El Fantasma de
Broadway Street

El fantasma de Broadway Street

Cruza velozmente la acera
(puedes verlo también desde
tu alcoba o soñarlo desde una
perspectiva kafkiana
                    dolorosa)
cubierta de una nieve negruzca
la sombra de un hombre
que imagino feliz como si se fuera
a morir ante la puerta
del hotel Saint Nicholas.

Migajas de luna hambrienta
el hálito oscilante de mi frente.

El día se traslada al lugar de la noche
y la noche se viene a vivir a mi casa.

Ratas en un armario de sollozos
tejidos al azar.

El silencio cuelga de mi ventana
como el pelambre de un animal viejo.

Paso el pestillo a los soles
que caen al otro lado del mundo.

Oigo.
Conozco el mundo
solamente de oídas.

El alucinado de Amsterdam

> I don't know. I don't care. And it doesn't make
> any difference.
> **Jack Kerouac**

I

A veces baja el puerto
hasta su grave amplitud
que llega al labio
y lo eterniza de la voz
si es el silencio

y de una voraz melancolía
de vino y de salitre.

Alucina el andar
que se retrasa en las vitrinas
de una vieja ciudad:
Amsterdam
París
Santo Domingo

y las bolitas de nieve de mis calcetines
que tanto cielo han derribado.

II

Hombre ¿qué nueva irrealidad repones
cuando pierdes el sueño de otras noches?

Yo no conozco ni anticipo
ni detengo: me basta
con tener
todo este asombro
y estas ruinas.

III

Memoria que se niega
a enderezar la flecha
de toda la alegría
que nos falta

perturba tanta ruina
y se adjetiva en vano
esto salvaje que viene
a deshilarte la cabeza.

IV

Huraño permanece en mi sombrero
el viejo sol que entierran las palomas
pedazo por pedazo hasta que ya no se ven
sino pequeñas manchas sobre el suelo
rojizo y humillado.

V

En mi país hay una flor que asusta
de tan pálida ¡hosanna, hosanna!

En mi país hay una sola sombra
del tamaño del cielo
una sombra recién parida de tan rancia
alumbrando los rostros con velitas
y comiendo los trozos de una hernia
semi acústica
de momia
en el salón del huésped asesinado
por ya tan nunca así refractaria
metafísica
una que otra forma de delirio abulta
la conciencia-páramo.

Al colmo de mi altura
me he subido a
sofocar el hielo
de mis vísceras quemadas.

Así tan nunca siempre abisma
mi chaqueta el suelo.
Así temblando se comerán las aves
a los puercos
se comerán las nubes a los ángeles
se comerán las piedras mis rodillas
y el aire
y ya nunca siempre será de dos maneras
mi rebeldía que suele ser cortada en pedacitos
y repartida entre aquellos que soñaron
un poco mal
mi efímera apetencia pacifista.

La eternidad (una fábula)

Todos mis sueños
pegados al cristal
como al equilibrio
de mi despertar
la rosa endeble.

La eternidad se alcanza
con las quemaduras
de un rostro que cuelga
de sus carcajadas.

Sobre la sangre todavía fresca
de los ángeles y demonios
que en la calle reparten biblias
y balazos a todo el que pasa
se oyen grillos.

Se oyen grillos
por toda la ciudad.

Amnesia

La eternidad que decapitan
para mí
el halcón y el águila
el sapo y la serpiente
y la lombriz de cielo
se colma de mis cantos
de amnesia.

¿Durará este minuto
que antecede a las causas?

Disfraz

Algún día
tendré bien puesto
el disfraz de la alegría

y todos me harán creer
que me queda bien

entonces
lo haré pedazos.

El tonto alivio de estar vivo

Una ternura nueva
me devuelve el espanto
de la nube golpeada
por el látigo.

La brisa se come los rostros
y las almohadas
y los pupitres
y a los santos
que juegan al suicidio
porque es mejor suicidarse
que subir al cielo de rodillas.

Una paloma de Kandinski
turbia y grana
podría ser mi mano
ahora que lo he meditado.

Ya se fueron del rincón mis alegrías
y me vino una honda pincelada del polvo

y en tanto de otro modo
así disolublemente
otro cuerpo se triza
por la brisa de la cobriza aldea

y el tonto alivio de estar vivo
hace que uno sienta alegría
por nada

¿Qué sombra por la acera
lentísima habrá de detenerse
justamente en mi puerta
amontonada en lo solo
de mis aberraciones?

En el rincón me dejan
de la muerte el sueño
el delito de avanzar
me deja en medio
de los mil caminos
que dibuja el grito.

Otra vez la macha
de vino en la pared
bebe mi sed.

Del reflejo la selva inmaculada
o de la selva su reflejo impuro:
la poesía es silencio destronado.

Por las tibias comarcas del empeño
¡que vendría la luz a comerse el
espejo!

Id est

I

No el peso sino el espacio
que ocupas de ti mismo
en el roto estuche
de las sonrisas nómadas

no la vaguedad del esfuerzo
que invisible
se nutre de un quebranto
de impanación de imanes

sino el delirio que cuelga al fondo
de nuestra vana desenvoltura
o el aislamiento que se precisa
todo el oleaje que va a la arena
despedazado.

II

Sobre el espejo que nos desgasta
el vivo asombro de hallar intacto
lo puro y noble que filmo y tacho.

El meteorito de la bondad obliga
a la meditación por medio de la
negación reprobada
y aunque esto no dice nada
a mí me gusta muchísimo
qué vaina: se acaba de ir la luz
¿conspiración? ¡ultraje!

III

Ahora ya no sé lo que es la luz.

Si me aparto de mi sombra
para que esto sea
de nuevo esto mismo:
un cuerpo que sustituye un alma
la conforma o delimita
o el alma sustituye al cuerpo
y por eso el cuerpo es la sombra
de otra sombra
y el alma es la sombra del cuerpo
atrapada en la forma de muchos tejidos.

Ya no sé lo que es el vacío.
Si mi alma también es una sombra
que la brisa se lleva
¿en qué lugar del cuerpo está?
¿cómo es su sustancia?

El alma es la cárcel del cuerpo.

La cárcel del alma es el alma
que busca en el cuerpo su propia
sustancia.

La sangre se enrolla en las fibras
del canto
y yo nazco.

IV

Si esto es esto mismo ¿a quién
le importa si dejara de ser
lo que no es para ser lo que
sería después
o nunca?

La luz que refleja el triángulo
de la izquierda en la venilla del ángel
cuya sombra es como el pelambre
de un gato: suave y roja

como la misma luz del triángulo
a la izquierda
de esto que yo no sé
si es o no

esto que no será
y será: ¿a quién le importa?

V

De muro a muro
se eleva y calla
la tenue brisa
sus llamaradas
sus avioncitos
y sus querellas.

Ya no se sabe la verdad de nada
ni la nada de la verdad alcanza
para medir tanta alegría.

Emana turbio
fantasma el polvo
de tu embeleso

emana sorda la zurda
efigie de un perro gris

y ondea la noche grave
de un grave pulso
que se deshace

entre los pájaros
que ya no vuelan.

Pule el hastío
sus lanzas mudas
en el subsuelo
que nos conjuga.

Puesta de sol

Con los remos de la desidia
avanza la oscuridad
una mancha de sol decapitada
por las furiosas hélices del lago.

Fumo distraído mi silencio
que va chorreando
su paisaje endeble.

Tal es la forma de suicidio
que me imponen tus ojos
en la distancia labrada
del ocaso.

Recobro la cabeza que cayó del soldado
en un jardín que avanza con los remos
enfermos de distimia

y yo
este yo que abarca la parte oscura
del quirófano
cambio los diábolos de angustia
por una flor de euforia bondadosa.

Telepatía salvaje

Cerradose ha el espejo en su fondo marchito.
Llueve de vez en cuando sobre el jardín de corcho.
Inconscientemente mi sombra los muros de la celda
ha levantado y cae al otro lado
fugitiva.
Hase ido el bosque despacito por la acera.
Hase ido descalzo de pisadas
con el beso infinito de nuestra madre herida
se nos triza la risa
y se nos triza la frente velocísima
como la cámara de aire en que se envuelve
la total transparencia del abrazo.

Vertidas nuestras copas de vino
sobre la negra alfombra que era el cielo.
Oh el cielo: labio de muchachita preñada y dulce.

Ya nada se sabrá de lo que digo entre mis labios
para que me desoigan arder con pulso fiero
(¿ya no recuerdas tu infancia
oh miserable?).
Un árbol de nuestra edad parido
de gaviotas enfermas.

¡V o l a d!
¡Huid de vuestros trajes apagados!
¡Encended cada paso y cada cosa
con el grito más despoblado
y desoído!

Escalera de jade

Una llovizna de flores blancas
tu mirada cubierta de rocío.
De repente todo ha cambiado
el mundo se movió de sitio
y ahora no sabemos en qué parte
de nuestra vida dejamos de reír.
El camino está dentro del espejo:
nos devuelve un andar que ya perdimos
en otro espejo igual de nuestra ausencia
la compacta humedad de tus muslos
que se rozan cuando vienes
conmigo por la calle
"escalera de jade" -dices- escalera
de jade para volver de un sueño
que se marchita
y fosforece en torno a todo.

Se repliegan incendiados lienzos
en los cuales aún gimen se agotan
crecen nuestros primeros sueños
y tu ausencia arrancada
del fondo del espejo
se torna tan real
que hasta fingimos el recuerdo
de alguna cosa insostenible o bella.

La escalera de jade
de nuestro hechizo in escalado
sufrió de ser la cosa presentida

la cosa inmaterial que expande
su dureza sorpresiva
y sube
y baja
el ascensor del cielo que imagino
de pronto cuando ríes.

El poema no se escribe, se vive

I

El poema que ahora escribo
entre bloques vacíos y perennes
es una pausa melodiosa y sombría
por la que se agranda y duplica
todo el cielo.

II

El poema que trato de escribir
mientras camino
mordido por el látigo de la
desesperación invocada
no cabe en los cuatro cajones
que lo exilian.
En vano voy puliendo
con navajas de cristal
cada pedazo roto de la noche...

III

El poema no se escribe
se vive
no se lee de modo igual cada vez
cada día
sin que se pierdan las palabras en
el sitio de siempre
en lo inverso del tiempo en la
memoria.

IV

El poema que escribo
sin palabras en mi mente
es una lenta percepción
de símbolos de mundos
que no existen

sino en la duración
de su trayecto más simple
y más sublime.

Viví de prisa todo lo que pude
todo lo que pude
v a s t a m e n t e
¡oh, perdonadme!

Lumbre corriente

Duermo tan desastrosamente
que hasta siento el aire
que los otros disecan para mí.

Con esmerado disimulo el horizonte
cae de bruces en medio de los alaridos desalados.
La luna se despedaza en los espejos del alba
en la hamaca incendiada que oscila en la
pendiente de los equilibrios
creados a imagen de la risa y del pánico.
El arpa se contamina en el rincón de zarpar.
La selva se reproduce como el asma
en los huevos de las gaviotas.
La lamparilla es un símbolo precioso
que nos ayuda a ensartar olvidos inesperados.
Voy plantando las angustias
del prójimo en los patios
de las casas de mis amantes desconocidas.

Me despierta la sensación de la queja
me mutilan los nervios con verdes
espumarajos infinitos
y arrojan en cubetas azucaradas
mis dientes y mis uñas como insignias.

Mis verdugos se deslizan por la calle
cada día danzando con una flor de euforia
entre los dientes.

Arpa

Desordena tus símbolos del modo
más extraño o más discreto
retocando las partes ya pulidas
las inevitables a tu razonamiento
a tu desesperación...

En vano se procura
un equilibrio falso
de la verdad.

En vano busca el hombre firmeza
en la inmovilidad.

En vano se traza mal la queja
en su sintaxis.

En vano extraemos
de los confines del sueño
una sierpe iluminada de horror
y un arpa que rebasa los bajos tonos
de la injuria.

La trama

Con la seda fluvial de los relojes
se elaboran salobres pajarillos
de pavor.

La tarde muere aplastada por un astro
que se desgasta o finge todo el fuego
llorado de par en par.

Hay un rincón vacío
que se instala en el ojo
un ojo redondeado
con un cuchillo oblicuo.

El fuego se agusana aquí en mi pecho
péndulo de vidrio.
Se agiganta en mis pasos la mañana
breve escalofrío entre las grietas solas del espejo.

La zozobrada irrealidad
del hombre lo estrangula.

La luz que se arrodilla para desangrarse
es un piano que sufre de su árbol
y se pega al techo de sus hojas caídas
como una oruga que se inflama por dentro.

Mis pensamientos se quiebran
de corteza a corteza
como el grito perdido de un conejo.

Vacuidad

Un agujero en el sombrero de los pájaros
telepatía del viento en las vagas vertientes
del horror.

Dos medallitas en el pecho
de las niñas que vuelven la cabeza
hacia ningún pensamiento.

La tarde se ha hecho un traje oscuro
como este vuelo turbio que disfrazo
de alguna novísima impaciencia
sólo para que no se marchite en la
mano temblorosa el agua ya en su
vaso de relámpagos

la lluvia en la que caigo si se eleva
conmigo o desde mí lo que ahora pienso.

Antes
cuando aún no eran mías las agujas del canto
ya me pertenecían el silencio más diáfano
el de las torres mínimas que dentro
de mi voz recobra algún delirio nuevo
alguna incandescencia milenaria
algún escalofrío en la memoria

y el polvillo blanco de las tardes
cayendo en otra parte.

El otro

Las grises pulsaciones
del aire prensan
los ya gastados élitros
de un nervio
en la parte diseminada
de la boca.

Una cáscara muy fina
cubre los metales del grito.

Alguien tose hasta desangrarnos
en su enjuta perplejidad
de hombre cansado.

Ese alguien nos desconoce
de alguna parte
en algún pedazo de aire
hemos estado juntos
respirando residuos de carbón
o anudando nuestros días
con el mismo desdén.

Sé que de pronto ya no existiremos
sino desde una hendija trémula
por la que pasa aullando
todo un bosque.

Claustro

La ventana del cuarto
se ha quedado a oscuras.

En alguna otra ventana
presentimos lo mismo.

Alguien enciende un pecho despoblado
vasto como una caricia incinerada.

Sobre el agua la luna se vuelve negra.
La noche cae de las alas de un pájaro.
Se posan los árboles de la agonía
sobre una rama falsa.

Absurdo es ser así de cualquier modo.

El silencio ahoga las paredes
que se respiran desde las ventanillas
de los trenes.

La nieve enciende un árbol ya distante
y la llama del árbol creciendo va en mi pecho.

Pienso que las cosas me piensan desde sí
y no desde el vacío que ocupan en mi mente.

La sangre en la ventana delimita el cuadrado
que le impide salir a través de sí misma.

Una libélula carnívora
oculta entre sus alas el verano.

¿Qué se espera de todo
al fin y al cabo
sino una ventana
a oscuras
para el hombre?

El fuego

Con ojos de un rojo cansado
como el día
rodeándose de álgida postura
el hombre saca a solear
sus cuatrocientas llagas náuticas

y sus relojes mansos como
una daga hundida justamente
en la huera muchedumbre de lo solo
lo errantemente solo
que supone un alma
en pleno ahogo

un duro amanecer en otra parte
en otra orilla ciega
sin contornos lo mismo
que una mano.

El fuego lame una oreja
de marinero distraído
por el compás de la noche
y teje un pañuelo de frío
que nos alarga el verano.

El fuego sustituye
las líneas de la mano
y las líneas del bosque
que nos cabe en el pecho.

Sol salado

El sol que desactiva
el pecho de la estatua
no es un sol de verdad
que yo creara.

El sol
la tosca incubación
que brilla desde todos
los pechos amargamente solos
                            agrietados
voló de mi bolsillo
como una mosca
                pálida
                extraviada.

En las noches de sol
se oyen los barcos
por toda la plaza
y el batir de las alas
de los buitres enfermos
hace que las mujeres
paridas de sí mismas
en los charcos de sueños
que se ahondan en vano
regresen a la nada
de sus escalofríos
como delfines que pierden un ojo
o como arañas que van por la pared
como sin rumbo.

Tentación

La babilónica apuesta
de los símbolos
me tacha los talones

el silencio calcina
la roja metafísica
que van anublando
ahora las pupilas enfermas.

El tren de Custer se lleva el pensamiento
de una mano sulfúrica depende algun presagio

yo escribo bajo la tentación y la sospecha
de este día de bolitas de ocio y caminatas.

Sobre la negra superficie del lavabo
cae otra vez la pata de cordero
de mis mañanas anónimas.

El viento ahueca el pie
que sangra detenido.

Las cosas se mueven de forma oblicua.
La voz de los que esperan bajo el olmo
también verticaliza mis peinados.

Se traslada el cero al uno siete veces
con la lascivia de los barcos paranoicos
que tienden separarse con la lluvia.

Gusanitos de oro

Un vago día penetró en el alma
desnudo de su forma y de su entera
unidad rompiéndose en mis sienes.

Ningún hombre es dichoso
hasta que la muerte inunda
sus orejas de ese polvillo blanco
que le forra los párpados.

La muerte lame el suelo
donde el hombre ha pisado.

El hombre se horroriza si atraviesa
los muros de su casa para sentir
el aire que circula por fuera.

La realidad es demasiado ficticia
y por eso nos duele.

En el estuche de las miradas
que se disuelven caprichosamente
yo dibujo la fuga que fija la hoja
en el aire de los polos vacíos.

El alma cojea de sus árboles rojos
y cojea de las puertas que abren
hacia ninguna parte
como los huevos que contienen
gusanitos de oro.

Las ventanas se cansan de viajar

Hoy lloraría de rabia
si me faltara ansiedad
una ansiedad virgen
como las bellas figuras
de Boticelli.

Sedientas nubes de piedra
pasan leves
sobre el Leteo

negras agujas de sueño
las ventanas se cansan
de viajar.

De la febril alquimia soy
sustancia primaria.

Sobre la mesita cubierta
de insectos y de pétalos
los garabateados anteojos
de un buda japonés.

Los pétalos de jade
hacen la muerte
los pétalos de jade
hacen la vida
y la vertiente de toda esta
unidad de blancos lotos
tu corona y mi canto.

Índice

Magnetita

Enigmas de la mano

El orden excesivo

El Fantasma de Broadway Street

Colofón

Esta tercera edicion de
El fantasma de Broadway Street
y otros poemas
de José Alejandro Peña
se terminó de imprimir en los
Estados Unidos de América
bajo la Colección Géiser
Poesía.

Publicado & distribuido
por

almava.net

editores@almava.net

almavaeditores@gmail.com